Marc Backhaus

"Die Sünderin": Größter Skandalfilm in Deutschland & Spiegel der Gesellschaft

Eine kritische Auseinandersetzung

GRIN Verlag

Bibliografische Information der Deutschen Nationalbibliothek:

Die Deutsche Bibliothek verzeichnet diese Publikation in der Deutschen National-
bibliografie; detaillierte bibliografische Daten sind im Internet über http://dnb.d-
nb.de/ abrufbar.

Impressum:

Copyright © 2012 GRIN Verlag GmbH
Druck und Bindung: Books on Demand GmbH, Norderstedt Germany
ISBN: 978-3-656-49231-3

Dieses Buch bei GRIN:

http://www.grin.com/de/e-book/232335/die-suenderin-groesster-skandalfilm-in-
deutschland-spiegel-der-gesellschaft

GRIN - Your knowledge has value

Der GRIN Verlag publiziert seit 1998 wissenschaftliche Arbeiten von Studenten, Hochschullehrern und anderen Akademikern als eBook und gedrucktes Buch. Die Verlagswebsite www.grin.com ist die ideale Plattform zur Veröffentlichung von Hausarbeiten, Abschlussarbeiten, wissenschaftlichen Aufsätzen, Dissertationen und Fachbüchern.

Besuchen Sie uns im Internet:

http://www.grin.com/

http://www.facebook.com/grincom

http://www.twitter.com/grin_com

Humboldt-Universität zu Berlin

Philosophische Fakultät III

Institut für Musikwissenschaft und Medienwissenschaft

SE Medien, Politik und Religion in der deutsch-deutschen Nachkriegszeit

"Die Sünderin"

größter Skandalfilm in Deutschland

&

Spiegel der Gesellschaft

eine kritische Auseinandersetzung

31.10.2012

Marc Backhaus

Inhaltsverzeichnis

Einleitung

Willi Forsts Spielfilm "Die Sünderin" ist der größte Skandal der Filmgeschichte Deutschlands in der Nachkriegszeit (vgl. Burghardt 1996:11). Ein "bis heute ohne Beispiel gebliebener Proteststurm" (13) von Kirche und Öffentlichkeit gegen ihn manifestierte sich nicht nur in Flugblättern und Mahnworten (vgl. 351-357), sondern auch in "Boykottmaßnahmen" (23), "Zwischenrufen, Pfeifkonzerten, Sprechchören, Knallkorken, weißen Mäusen, Stinkbomben und Tränengas" (26), Demonstrationen (vgl. 27-28) und schließlich in politischen Debatten (vgl. 26), Absetzungen (vgl. 29-31) und Aufführungsverboten (vgl. 31-37). Grund für diesen Protest wurde gesehen im Durchbrechen von Tabus des Films (vgl. 239), in der Verherrlichung & Bejahung von "Prostitution, >wilder Ehe<, Sterbehilfe und Selbstmord" (239), beispielsweise in Marinas Kommentar zu ihrer eigenen Prostitution: "Was war es denn? Ein Schritt durch Dreck, nichts weiter." ("Die Sünderin" 0:09:55), und der damit einhergehenden "entsittlichenden Wirkung" (Burghardt 1996:248) auf seine Zuschauer. Er verstieß "eklatant gegen die Werte und Normen der Gesellschaft der 50er Jahre" (14) und wurde verurteilt als "eine >Sumpfblüte<, die in der >Kloake der Zeit< gedeiht".

Von einem anderen Blickwinkel betrachtet ist es genau diese ">Kloake der Zeit<", die der Film widerspiegelt. Er weist viele Parallelen auf zu einem Zeitalter der "Unbestimmtheit des sozialen Status [...] [,] ökonomische[r] Unterversorgung, [...] Instabilität und [...] extreme[r] Diffusität gesellschaftlicher Leitbilder" (Schildt 1995:306), zu einem "Zeitalter des Konsums" (353) und der "Freizeitgesellschaft" (363) sowie zum "Visuelle[n] Zeitalter" (385) der "Reizüberflutung" und des "Sensationalismus" (386) – und scheint als Spiegel dieser "grundverdorbene[n] Gesellschaft, in die ich [(Marina)] da geraten war" ("Die Sünderin" 0:34:52) einen kritischen Blick auf sie zu werfen. Im Sinne der Erklärung Willi Forsts, sein Ziel mit "Die Sünderin" sei es, "«sich nun an brennende Zeitprobleme [zu] wagen» [...] in der Darstellung einer lebensnahen Wirklichkeit" (Burghardt 1996:15) , da das "Publikum [...] nach Problemen der Wirklichkeit [verlange]" (16), wird sich diese Arbeit mit beiden Gesichtspunkten kritisch auseinandersetzen und die Frage zu beantworten versuchen, ob "Die Sünderin" mehr ein zu Recht verrufener, demoralisierender Skandal ist oder doch als Spiegel der Gesellschaft der 50er Jahre und als künstlerisches Meisterwerk (vgl. 14) zu den bedeutendsten Filmen seiner Zeit gehört, der schließlich dank seines Skandals zum "kommerziell erfolgreichsten Film [...] im Bundesgebiet nach 1945" (51) wurde.

Spiegel der Gesellschaft

i. im visuellen Zeitalter der Reizüberflutung & Sensationslust

„Der moderne Mensch ist ein Augenmensch. (…) Wir werden optisch überwältigt" (Schildt 1995:389)

Alexander, Marinas Liebe und krebskranker Maler, ist mit seiner Erblindung durch den Tumor und seinem späten Erfolg mit reproduzierter Kunst eine Verkörperung des Phänomens der „Reizüberflutung [...] [im] Visuelle[n] Zeitalter" (385) und des „Triumph[s] des »Sensationalismus«" (386) der 50er Jahre.

Mit seiner Verehrung und Feier der „Majestät des Lichts" („Die Sünderin" 0:48:41, vgl. 0:47:50-0:49:10), dem „Wunder des kommenden Tages" (0:48:20) voller Leben, Form, Farbe und Konturen (vgl. 0:48:33), und mit seinem darauffolgenden Verlust des Augenlichts, scheint die Figur Alexanders ein kritisches Statement zum Zeitalter des Fernsehens zu geben, zur „bildüberfluteten Zeit, die mit ihrem Trommelfeuer, ihrem Farbengeknatter uns pausenlos beschießt" (Schildt 1995:389). „Lesen und Denken werden durch den Fernsehapparat überflüssig" (391), und so verliert auch Alexander während seiner Erblindung und den einhergehenden Schmerzen die Fähigkeit zur Konzentration, die „»Inflation der Reize«" (389) überwältigt selbst ihn - „Dir war die Sonne zu grell? Dir, dem sie nicht grell genug sein konnte?" („Die Sünderin" 0:53:44). Auch noch als Sehender kommt er „voller Demut vor den Wundern der Schöpfung" (0:47:00), real verkörpert im technologischen Fortschritt durch den Fernseher, „»kaum mehr zur Ruhe und Sammlung gegenüber dem Viel-zu-viel" (Schildt 1995:386). Er repräsentiert in seiner Zerstreuung (vgl. „Die Sünderin", das Vermalen seines Bildes in 0:52:46) den Zeitgeist der bebilderten Welt (vgl. Schildt 1995:386) in ihrer „Zeitverlorenheit" (386) und wirft ein skeptisches Licht auf die Film- & Bildindustrie, die für ihn in der Rolle des Lichts sowohl Leben & Schönheit, als auch Verderben, Überforderung & Tod verkörpert. Selbst bei seinem von Marina unterstützten Selbstmord scheint er im Verlust auch des Hörens die vom Fernseher ausgelöste Entfernung der Gesellschaft voneinander und von sich selbst zu kritisieren – „das Ich-Bewusstsein wird schwächer, und so wird der lebende Roboter gezüchtet, der keine Stimme des Himmels mehr hört" (391).

Als Alexander später in der Geschichte anfängt, Marina zu malen (vgl. „Die Sünderin" 1:10:50) und wie besessen schließlich nur noch sie malt (vgl. 1:11:14), hat er Erfolg. Indem er über diesen Ruhm spottet (vgl. 1:11:49) und sich über seine Verehrer lustig macht (vgl. 1:12:20 & das mit dem Hintern malen in 1:12:40), die nichts von Malerei verstünden (vgl. 1:11:51), scheint er auch über den

Kulturverlust im „»Erfahrungsverlust«" (Schildt 1995:385) zu spotten, als lebendige Parallele zur „Gegenüberstellung von Kunst und »Kulturindustrie«", die sich in den 50er Jahren entwickelt, und er mokiert sich über die neue Rolle seiner Werke als „»Populärkultur«" in ihrer „Reproduzierbarkeit" (er malt schließlich nur noch Marina). In einer Zeit, in der „die »Aura« des Kunstwerks [so] verkümmere", freut er sich nicht über seinen lang ersehnten Erfolg, stattdessen lächelt er nur auf die Sensationslust, die seine Massen an Bildern von Marina auslösen und dabei die Kunst & ihre Wahrnehmung in den 50er Jahren repräsentieren.

Letztendlich geht dieser „Mensch des Augenblicks [...] geschichtslos, ohne Vergangenheit, [als] »Mann ohne Gepäck«" (386) aus der Welt (vgl. „Die Sünderin" 1:21:45), die er als martyrvoll empfunden hat (vgl. 1:18:20) und dessen visuelle Reizüberflutung ihn zunächst beglückt, dann zerstört hat, und so fungiert die Figur Alexanders als Kritik am visuellen Zeitalter, aus dem der Film „Die Sünderin" stammt.

ii. im Zeitgeist der Unbestimmtheit

„Langsam wurde mir klar, was das für Dich bedeutete: Wieder zurück ins Nichts. Du gingst, nicht wissend wohin." („Die Sünderin" 0:29:00)

Der Film weist des weiteren viele Parallelen zur sozialen Struktur & allgemeinen Gesellschaftsstimmung auf, deren guter Zustand er damit in Frage zu stellen scheint. Diese Parallelen zeigen sich in sehr konkreten Situationen bzw. Figuren und tragen einen sehr persönlichen, empathischen Faktor in sich.

Beispielsweise werden die „Unbestimmtheit des sozialen Status vieler Menschen [...] [und] ihre ökonomische Unterversorgung" (Schildt 1995:306) von Alexander wie auch von Marina in ihren sozialen Positionen, bevor sie ein Paar werden, verleiblicht. Alexander als „heruntergekommener Maler" („Die Sünderin" 0:12:17) ist ein Säufer, der nicht nur von allen in der Bar verspottet wird und dort nicht willkommen ist (vgl. Kapitel 2 „Erste Begegnung", insbesondere die Szene von 0:11:18-0:14:26), in derselben Art und Weise begegnet ihm auch seine Frau. Nachdem er durch sie erst eine „aufgehende Berühmtheit" (0:12:26) war, verlässt sie ihn und schmeißt ihn raus (vgl. 0:14:00), und als Mann ohne Heim (vgl. 0:13:56) wird er schon gleich zu Beginn des Films als sehr konkrete Personifizierung der sozialen Unbestimmtheit charakterisiert.

Marina erlebt Ähnliches in ihrer Rolle als Prostituierte und insbesondere in ihrem jugendlichen Werdegang. Allein dieser Beruf ist im abstrakten, symbolischen Sinne ein Pendant zur Verzweiflungstat aus Unsicherheit und Verlorenheit, doch Marinas erzählte Jugend weist erneut sehr

3

konkrete, direkte & persönliche Verknüpfungen zum genannten sozialen Phänomen auf. Zunächst ist ihre Kindheit geprägt von Unsicherheit im erneuten Heiraten ihrer Mutter (vgl. 0:20:15), in der unerklärlichen Verhaftung ihres Stiefvaters (vgl. 0:23:42) und, wie bei Alexander, in ihrem Rausschmiss (0:33:54). Ihr anschließendes wildes Wohnverhältnis bei Irmgard, dessen Vater eingezogen und Mutter verstorben ist (vgl. die Szene ab 0:34:22), ist allerdings das offensichtlichste und direkteste Pendant zur Gesellschaft der 50er Jahre, das sogar narrativ direkt angesprochen wird - „verlottert, verkommen" (0:20:05) in der „grundverdorbene[n] Gesellschaft, in die ich da geraten war" (0:34:42), „[a]ber hinter allem Frivolen steckte nichts weiter als die Todesangst, der Heißhunger, noch möglichst viel an sogenanntem Erleben zusammenzuraffen." (0:34:49).

Damit spricht Marina als Erzählerin sowie als Figur auch das Thema des zweifelbelasteten „Vertrauensgrades in die Zukunft" (Schildt 1995:308) an, das die Gesellschaft der Nachkriegszeit prägt. Die Menschen, mit denen Marina in dieser Wohngemeinschaft verkehrt, sind getrieben von den „[v]ielfältige[n] »Unsicherheitspotenziale[n]« [...] [, die] als ein »zentraler Bestandteil des Lebensgefühls der 50er Jahre« veranschlagt werden [können]".
„[D]ie Angst, es könne auch wieder einmal anders – d.h. schlechter kommen" wird in dieser Szene genauso bildlich dargestellt wie auch im unsicheren Verkauf Alexanders Bilder, dessen Strapazen Marina schließlich zum Verzweiflungsakt, zur Verprostituierung für den Verkauf eines Bildes, treiben (vgl. „Die Sünderin", Kapitel 1 „Verkaufserlös", insbesondere von 0:05:15-0:07:43).
Der politische Aspekt der Unsicherheit in „politische[r] Instabilität und [...] extreme[r] Diffusität gesellschaftlicher Leitbilder" (Schildt 1995:306) wird kurz, dennoch auch konkret angesprochen im Wechsel der Soldaten, denen Marina als Prostituierte begegnet, den sie als kaum bemerkbar und beinahe unwichtig kommentiert - „Der Krieg ging vorbei, ich bemerkte kaum den Übergang vom einen zum anderen Zustand, nur andere Uniformen und eine andere Sprache, aber dieselbe Öde, die gleiche Leere." („Die Sünderin" 0:37:18). Diese Öde & Leere mag sie auf ihre eigene Stellung zur Liebe, bis Alexander in ihr Leben tritt, beziehen (vgl. 0:37:33), doch auch hier lässt sich eine Parallele ziehen, im kritisierenden Kommentar zur gesellschaftlichen Lebensauffassung in den 50er Jahren.

Letztlich werden auch das „physische und vor allem psychische Ruhebedürfnis, das Streben nach sozialer Sicherheit und Verhaltenssicherheit und eine »Müdigkeit gegenüber dem Experimentieren«" (Schildt 1995:308) in der Geschichte des Veronals mit dunklem Unterton verkörpert. Für Alexander bedeutet das Veronal die Sicherheit, seinen Tod selbst bestimmen zu können (vgl. „Die Sünderin" 0:41:03 & 0:42:08) und somit sein Ruhebedürfnis zu befriedigen, das

4

durch seinen Tumor im Leben unmöglich ist. Für Marina bedeuten diese Tabletten die Sicherheit, das Leben Alexanders erhalten zu können, indem sie sie versteckt aufbewahrt (vgl. 0:44:08); sie hat durch das Veronal sein Leben sicher in der Hand (vgl. 0:44:14). Die Müdigkeit gegenüber dem Experimentieren wird ebenfalls in ihrem Zusammenfinden als Lebenspartner verleiblicht, nach ihren jeweiligen Liebestumulten - „Ich beschloss, Dich ganz einfach einzusperren, und hatte keine Ahnung, dass Du für immer bei mir gelandet warst" (0:15:53).

iii. in der Flucht zur Konsum- & Freizeitgesellschaft

„Der »entfremdete« und »nivellierte« »Massenmensch«, seiner inneren Stabilität beraubt und von großer »Verhaltensunsicherheit«, war zum »außengeleiteten« Opfer der »technischen Apparatur« (Alfred Weber) geworden, die wiederum in konsumistischer Praxis ihren einzigen Inhalt fand. […] Er betäubt sich unablässig, um nicht den Blick in eine Seele tun zu müssen, die sich als leer geworden erweist." (Schildt 1995:376)
Im Sinne dieses Zweiges der Gesellschaftsentwicklung scheint „Die Sünderin" eine Prognose der „Anbahnung des Freizeitbooms" (75) und der Konsumkultur der 60er und 70er Jahre zu sein, die sich Ende der 50er bemerkbar macht. Gleichlaufend noch eng verzweigt mit den Aspekten der gesellschaftlichen Unsicherheit und Verlorenheit (siehe ii. im Zeitgeist der Unbestimmtheit) verkünden und spiegeln die Elemente Prostitution, Geld & Partnerschaft eine soziale Bewegung des Konsumismus & der Freizeitkultur als Flucht aus der Unsicherheit wider, vereint als Elemente „der »amorphen Konsumentenmasse unserer modernen Vergnügungsindustrie«" (376).

Das Element Prostitution vertritt eindeutig die Aussage Heinrich Bölls zur zeitgenössischen Gesellschaft: „»Wir sind ein Volk von Verbrauchern«" (354). Die gehoben dargestellte Gesellschaft in der Bar, in der Marina sich prostituiert, verkörpert „die Konsumpraxis […] [, die schon] bald im Zentrum der öffentlichen Aufmerksamkeit [stand]" (352), die „»Sexualität als Konsum«" (358), und die Szene selbst (vgl. „Die Sünderin", Marinas Anfänge in der Bar, 0:36:36-0:37:33) dient als realisiertes Beispiel der „groteske[n] Stilisierungen beobachteter erster Randphänomene […] [des] Luxus" (Schildt 1995:351) - „Ich hatte gelernt, dass es in gewissen noblen Lokalen nicht schwer ist, noble Bekanntschaften zu machen." („Die Sünderin" 0:36:36). Übertrieben zur Schau gestellt wird der Konsumfaktor der Prostitution im Wettenabschließen, ob Marina auch zur Bar zurückkehre (vgl. 0:16:00) und narrativ direkt adressiert wird er wieder bei den Soldaten - „Krieg. Man schmiss das Geld hinaus" (0:37:02) „in unserer westdeutschen Gegenwart, in der ein »korrupter Zustand der

Leere, Kälte und selbstgefälligen Gedankenlosigkeit« herrsch[t]e" (Schildt 1995:354) (hier erneut zeigt sich ein weiterer Aspekt Marinas Worte über die Öde und Leere (siehe ii. im Zeitgeist der Unbestimmtheit) als Parallele dieser Leere & Kälte der Gesellschaft). Auch „»das dauernde Bereden des Sexus«, durch den die »echte Erotik vertrieben« werde" (358) ist im Film wie auch in der Medienöffentlichkeit der 50er Jahre präsent und scheint vom Film kritisch betrachtet zu werden, da Marina nicht unbedingt positiv über diese Karriere spricht - „Mit ihm [(Ricardo)] schließt ein Leben ab, das ich heut nicht mehr verstehen kann" („Die Sünderin" 0:16:58).

Das Element Geld zeichnet sich in mehreren Szenen ab und lehnt dabei stark an das Thema des Konsumismus an - „Sie hatten ja nichts zu leben und künftig auch nichts zu sterben als das Geld" (Schildt 1995:359). Zum einen ist das Geld treibendes Thema des Films, wenn es nicht vorhanden ist – insbesondere als Marina bemerkt, dass Alexander und sie kein Geld mehr für die nötige Operation haben (vgl. „Die Sünderin" 0:57:53). Doch am gegenwärtigsten zeigt sich das Geld in der Form des Handels (in Anlehnung an die Prostitution Marinas), die Marina in ihrem Werdegang ihrer Jugend deutlich schildert - „etwas anderes entstand: das Bewusstsein, wie leicht ich Macht über ihn gewinnen konnte. Er gab und ich nahm. Er nahm und ich gab. Es war eine glatte Rechnung und dabei blieb es, mein ganzes Leben, bis Du, Liebster [(Alexander)], zum ersten Mal in mein Zimmer kamst" (0:27:16). Dieses Machtspiel im Güteraustausch, dessen Ursache die Unbestimmtheit und Verlorenheit in Marinas Jugend und im Ende ihrer Kindheit ist, scheint eine Spiegelung der Abstiegs- & Aufstiegsprozesse der Gesellschaft der 50er Jahre darzubieten, denen verschiedene soziale Schichten, von Geld getrieben und gelenkt, ausgesetzt sind (vgl. Schildt 1995:352).

Das Element Partnerschaft ist letztlich die treibenste Kraft der Geschichte (dessen Wirkung in „Die Rettung durch Liebe" spezifisch erläutert wird). Im Gegensatz zu den „Anfänge[n] einer spezifischen Jugendfreizeitkultur" (75) und einer „»bindungslosen Jugend«" (152), die Marina in der Wohngemeinschaft mit Irmgard kennenlernt, repräsentieren das Paar Alexander & Marina eine „gewisse Tendenz zur Ruhe, Entspannung und zum Rückzug in die Familie" (111) in einer Zeit der „Dominanz der Häuslichkeit" (110). Dies verbildlichen sie unter anderem in Alexanders promptem Einzug in ihrer Wohnung (vgl. „Die Sünderin" 0:27:44) und in seinem Arbeiten zu Hause (vgl. 0:52:47, 1:09:03-1:14:45) – es scheint, als hätten sich zwei verstoßene, verlorene Seelen gefunden, die in ihrer Sehnsucht nach Halt aneinander festhalten, wie auch nach der Zerstreuung des Weltkrieges die Familienfreizeit in den Vordergrund rückt (vgl. Schildt 1995:110).

Clash mit der Kirche & Skandal

i. über den Trümmerhaufen durch Schmutz & Unrat
(„Die Sünderin" 0:58:01)

„Die Sünderin hat wie kein anderer Film zuvor mit seinen Konfliktlösungsmodellen an Tabus der 50er Jahre gerüttelt und die zeitgenössischen moralisch-ethischen Toleranz- und Akzeptanzgrenzen überschritten." (Burghardt 1996:11)

Nicht nur die Journalisten und Kritiker der Zeitungen fielen schwer über „Die Sünderin" her (vgl. 14), der Film fungierte auch als „»ethische Atombombe«", die Kirche und FSK sichtlich erschütterte. Wie bereits in der Einleitung dieser Arbeit angesprochen, reagierten kirchliche Mitglieder zusammen mit der Öffentlichkeit radikal gegen den Spielfilm, der für sie „»die letzten Grundkräfte der Sitte in unserem Volke in Frage zu stellen [...]«" schien und weder im Sinne der Gesellschaft noch im Sinne der Moral befürwortbar sei; „die Sorge um die Sittlichkeit" (49) überwiegte, und die Tendenzen der Kirche lassen sich am ehesten zusammenfassen in den Worten des Pfarrers Werner Heß in seiner Austrittsbegründung aus dem FSK, wie auch weitere kirchliche Mitglieder aufgrund der milden Beurteilung der „Sünderin" durch den FSK vorgingen (vgl. 17) - „»Die Handlung des Films DIE SÜNDERIN soll zeigen, wie eine Prostituierte durch echte Liebe zu einem Maler gewandelt wird. Tatsächlich aber greift sie in ihren schwierigen wirtschaftlichen und menschlichen Situationen auf ihr altes Gewerbe zurück, bis der Schluß [...] die Verherrlichung einer Tötung auf Verlangen und einen Selbstmord als einzigen Ausweg aus einer menschlichen Not zeigt.«" (17). Und mit dem Schockpotenzial des Films durch seine Brechung tief fundierter Tabus der 50er Jahre (vgl. 239-245) scheint diese Reaktion zunächst zwar radikal in ihrem Ausmaß, dennoch begründet.

ii. Gotteslästerung & die Unabwendbarkeit des Schicksals

„Aus jeder Religion kratzt Du das heraus, was Dir gefällt und was Du gerade brauchst, Du alter Heide" („Die Sünderin", Marina zu Alexander, 0:48:05)

Neben den von Kirche und Öffentlichkeit genannten Gründen des Protestes gegen „Die Sünderin" ist auch ein unangesprochener Faktor eines der auffälligen und treibenden Motive des Films: die Religionslosigkeit. Diese zeigt sich in Alexanders Glaubenskonzeption (vgl. Burghardt 1996:128) wie auch in Marinas Stellung zu Gott (vgl. 129).

Alexander ist, wie Marinas Analyse über ihn (siehe Zitat zu Beginn von ii.) ausdrückt, ungebunden an eine feste Religion, dennoch „auf […] [seine] eigene Art tief gläubig" („Die Sünderin" 0:46:55). Für ihn ist das Licht Zentrum des Glaubens und er verehrt den ägyptischen Gott des Lichtes Amon Ra (vgl. 0:46:26), die griechischen Götter (vgl. 0:23:29) wie auch die biblische Schöpfungsgeschichte (vgl. 0:47:52) – und hat einen Hang dazu, sie nach seinem Belieben zu vermischen und ihre Differenzgrenzen zu überschreiten: „Und du wolltest ihn [(Amon Ra)] mit geweihtem Wasser benetzen, »denn Du bist ja eine Christin. Auch Du sollst an seine Kraft glauben können,« hast Du zu mir gesagt. Ich dachte erschrocken: Ist das nicht Gotteslästerung?" (0:46:35).

Marina, die zwar eine bekennende Christin ist, ist dennoch längst nicht so stark gläubig wie ihr Liebhaber Alexander. Erst in der Not, im Bangen um dessen Leben, tritt sie in Kontakt mit Gott und legt ihr religiöses Geständnis ab: „Wende Dich doch an Gott, an Gott den Allmächtigen, bete. Seit meinen Kindheitstagen hatte ich nicht mehr gebetet. Darf ich es jetzt? Jetzt, wo ich nicht mehr weiter weiß? Jetzt, weil mir nur Gott und sonst niemand mehr helfen kann, weil ich von Gott etwas will? Nein, das wäre Frevel und ich flehte zu Jesus Christus, dem Gott der Verzweifelten und Verlorenen" (1:06:25). Für Marina nimmt der Weg zu Gott letztlich eine positive Wendung und sie betet wieder, auch zum Schluss, als sie ihre schwerste Sünde, den Selbstmord, erkennt, bittet sie Ihn um Vergebung (vgl. 1:22:06) und scheint dem Publikum ein dem Christentum treues Herz zu offenbaren, das moralisch richtig zu handeln versucht.

Für Alexander allerdings nehmen alle Bezüge zu seinem Glauben die schlimmstmögliche Wendung – das Licht, das er vergötterte, wird ihm zu grell (siehe i. im visuellen Zeitalter der Reizüberflutung und Sensationslust), schließlich verlässt es ihn, und der Gott des Lichtes Amon Ra „[steht] nur da und [tut] nichts" (0:53:31). Die Unabwendbarkeit seines Schicksals, seines Todes, kollidiert hier deutlich mit den Hoffnungen, die der Glauben als Trost bietet, und selbst Marinas Aufruf zu Gott bewahrt Alexander nicht vor den Auswirkungen des Tumors. Es scheint, als untergrabe der Film hiermit die Standfestigkeit der Religion und der Kirche in einer Zeit der Trümmer, der Nachkriegszeit und verlange in unterschwelligem Ton eine Festigung dessen im Phänomen der sozialen Unbestimmtheit und Verlorenheit.

Am Ende des Films ist auffällig, dass Alexanders letzten Worte das Thema Religionslosigkeit noch einmal hervorrufen und kritisch noch einmal anzusprechen scheinen, als er sich erinnert, wie Marina ihn einst in Neapel nannte: „Wie hast Du da zu mir gesagt? Alter Heide" (1:22:27).

Die Rettung durch Liebe

Werden alle Motive des Films in Betracht gezogen und ein leitender Strang als Verschmelzung aller formuliert, so ist die treibenste Kraft der Geschichte „Die Sünderin" die Partnerschaft und Liebe von Marina und Alexander. Von dem Moment an, an dem Alexander „Ich liebe Sie nämlich" („Die Sünderin" (0:29:43) zu ihr sagt, ändert sich Marinas Leben schlagartig und sie erkennt, im Gegensatz zu ihren Liebeleien vorher - „Liebe heißt geben, geben und immer wieder geben, niemals nehmen. Ich war erlöst, Liebster, befreit aus der Finsternis meines bisherigen Lebens" (0:30:10).

Jede Handlung Alexanders wie auch Marinas von diesem Moment bis zum Ende des Films geschieht aus Liebe, aus Sorge um den Partner und aus Verantwortung als Partner (vgl. Burghardt 143-145). So scheint der Film die tabudurchbrechenden Handlungen Marinas zu rechtfertigen, da sie sich nur um Alexanders Wohles willen für die erneute Prostitution, einmal für den Verkauf eines Bildes, einmal für die Ermöglichung seiner Operation, entscheidet. „[U]nd für Dich war ich rein" („Die Sünderin" 1:09:53) – selbst nackt und entblößt erscheint Marina Alexander als schuldlos und ohne Sünde, obgleich er sie als Motiv für sein Bild „Die Sünderin" zeichnet – die Liebe der beiden scheint auch im Extremfall alle Hindernisse oder Widersprüche einfach auszublenden (auch wenn Alexander wahrscheinlich nie etwas von Marinas Prostitution erfährt).

So treibt das Element der Liebe als rettende Kraft die beiden Liebenden durch die Sünden Marinas und schmerzhaften Qualen Alexanders, und dient ebenso zum Schluss als Rechtfertigung für die bedingungslose Hingabe zueinander, Alexander in seiner gewünschten Beihilfe zum Tod durch Marinas Hand und nicht durch seine, Marina in ihrem unverzögerten Schritt zum Selbstmord (vgl. „Die Sünderin", Kapitel 12 „Die größte Sünde"), beide stets nur besorgt um das Wohl des anderen mehr als um das eigene.

Schlussfolgerung

In Berücksichtigung aller Aspekte, mit denen sich in dieser Arbeit auseinandergesetzt wurde, ist eine logische Schlussfolgerung, dass „Die Sünderin" durchaus ein (vor allem in seiner Zeit) skandalöser Film ist, dennoch zeigt er bemerkenswert viele Parallelen zum zeitgenössischen Gesellschaftsbild der 50er Jahre, die zwischen den Zeilen eine fundierte Kritik an den sozialen Phänomenen der Reizüberflutung im visuellen Zeitalter, der Unbestimmtheit und Verlorenheit und der Konsum- & Freizeitgesellschaft birgt. Es ist eine Frage der Interpretation des Films und vor allem der zeitgenössischen Rezeption – heutzutage wäre er längst nicht so tabudurchbrechend wie in den 50er Jahren. Die Kirche und Öffentlichkeit hat den Film und seine Rezeption in einer stark gepolten Richtung interpretiert – in der negativ geprägten Interpretation eines Skandal- und Schundfilms, der eine demoralisierende „>Sumpfblüte< [sei], die in der >Kloake der Zeit< gedeiht" (Burghardt 1996:14). Die in dieser Arbeit mit jener Ansicht verglichene Interpretation des Films ist die eines Spiegels dieser Kloake der Zeit, eines kritischen Blickes auf die sozialen Umstände und Lebensauffassungen seiner Zeit. Die individuelle Interpretation bleibt jedem überlassen, dennoch ist deutlich geworden, dass „Die Sünderin" durchaus mehr Qualitäten aufweist, als von Kirche & Öffentlichkeit im negativen Sinne verrufen wurden. Die Anerkennung als Kunstwerk, die dem Film verleugnet wurde (vgl. 14), steht ihm zu.

Mit seinem Titel wird schon deutlich, dass der Film eine beabsichtigte Provokation in sich birgt und „[d]ie moralische >Sprengwirkung der SÜNDERIN< spiegelt die öffentliche Stimmungslage wider, die die Rezeption des Films entscheidend negativ beeinflußte, ihn zugleich aber zu einem Erfolgsfilm und Kinoereignis machte." (14) – und eine Interpretation als kritischer Spiegel der Gesellschaft rechtfertigt, womit die Varietät an Rezeptionen des Films ans Licht getreten ist.

Bibliographie

zitierter Film:

Die Sünderin (1951). Regie: Willi Forst. Drehbuch: Gerhard Menzel nach einer Idee von Willi Forst, unter Mitarbeit von Hans Georg Marischka. DVD, Laufzeit ca. 83 Min., München: Taurus Film-Video GmbH.

zitierte Werke:

Burghardt, Kirsten: *Werk, Skandal, Exempel: Tabudurchbrechung durch fiktionale Modelle: Willi Forsts Die Sünderin* (München: Diskurs-Film-Verl. Schaudig und Ledig, 1996)

Schildt, Axel: *Moderne Zeiten: Freizeit, Massenmedien und »Zeitgeist« in der Bundesrepublik der 50er Jahre.* (Hamburg: Christians, 1995)

Lightning Source UK Ltd.
Milton Keynes UK
UKRC011547071118
331893UK00008B/47